Rainer Maria Rilke

Ich finde dich in allen Dingen

Das Buch vom Sommer

Rainer Maria Rilke

Ich finde dich in allen Dingen

Das Buch vom Sommer

Mit Fotografien von Anselm Spring

Pattloch

Ich finde dich in allen diesen Dingen,
denen ich gut und wie ein Bruder bin;
als Samen sonnst du dich in den geringen
und in den großen giebst du groß dich hin.

Das ist das wundersame Spiel der Kräfte,
daß sie so dienend durch die Dinge gehn:
in Wurzeln wachsend, schwindend in die Schäfte
und in den Wipfeln wie ein Auferstehn.

Heitres Geschenk von den kältern
Bergen
versucht in den Juni den Sprung;
blinkend in Bach und Behältern
drängt sich Erneuerung.

Überall unter verstaubten
Büschen
lebendiger Wasser Gang;
und wie sie selig behaupten,
Gehn sei Gesang.

Ich will ein Garten sein, an dessen Bronnen
die vielen Träume neue Blumen brächen,
die einen abgesondert und versonnen,
und die geeint in schweigsamen Gesprächen.

Nenn ich dich Aufgang oder Untergang?
Denn manchmal bin ich vor dem Morgen bang
und greife scheu nach seiner Rosen Röte –
und ahne eine Angst in seiner Flöte
vor Tagen, welche liedlos sind und lang.

Aber die Abende sind mild und mein,
von meinem Schauen sind sie still beschienen;
in meinen Armen schlafen Wälder ein, –
und ich bin selbst das Klingen über ihnen,
und mit dem Dunkel in den Violinen
verwandt durch all mein Dunkelsein.

VORGEFÜHL

Ich bin wie eine Fahne von Fernen umgeben.
Ich ahne die Winde, die kommen, und muß sie leben,
während die Dinge unten sich noch nicht rühren:
die Türen schließen noch sanft, und in den Kaminen ist Stille;
die Fenster zittern noch nicht, und der Staub ist noch schwer.

Da weiß ich die Stürme schon und bin erregt wie das Meer.
Und breite mich aus und falle in mich hinein
und werfe mich ab und bin ganz allein
in dem großen Sturm.

VOR DEM SOMMERREGEN

Auf einmal ist aus allem Grün im Park
man weiß nicht was, ein Etwas, fortgenommen;
man fühlt ihn näher an die Fenster kommen
und schweigsam sein. Inständig nur und stark

ertönt aus dem Gehölz der Regenpfeifer,
man denkt an einen Hieronymus:
so sehr steigt irgend Einsamkeit und Eifer
aus dieser einen Stimme, die der Guß

erhören wird. Des Saales Wände sind
mit ihren Bildern von uns fortgetreten,
als dürften sie nicht hören was wir sagen.

Es spiegeln die verblichenen Tapeten
das ungewisse Licht von Nachmittagen,
in denen man sich fürchtete als Kind.

SCHLAF-MOHN

Abseits im Garten blüht der böse Schlaf,
in welchem die, die heimlich eingedrungen,
die Liebe fanden junger Spiegelungen,
die willig waren, offen und konkav,

und Träume, die mit aufgeregten Masken
auftraten, riesiger durch die Kothurne –:
das alles stockt in diesen oben flasken
weichlichen Stengeln, die die Samenurne

(nachdem sie lang, die Knospe abwärts tragend,
zu welken meinten) festverschlossen heben:
gefranste Kelche auseinanderschlagend,
die fieberhaft das Mohngefäß umgeben.

Wandelt sich rasch auch die Welt
wie Wolkengestalten,
alles Vollendete fällt
heim zum Uralten.

Über dem Wandel und Gang,
weiter und freier,
währt noch dein Vor-Gesang,
Gott mit der Leier.

Nicht sind die Leiden erkannt,
nicht ist die Liebe gelernt,
und was im Tod uns entfernt,

ist nicht entschleiert.
Einzig das Lied überm Land
heiligt und feiert.

Mein Leben ist wie leise See:
Wohnt in den Uferhäusern das Weh,
wagt sich nicht aus den Höfen.
Nur manchmal zittert ein Nahn und Fliehn:
aufgestörte Wünsche ziehn
darüber wie silberne Möven.

Und dann ist alles wieder still...
Und weißt du was mein Leben will,
hast du es schon verstanden?
Wie eine Welle im Morgenmeer
will es, rauschend und muschelschwer,
an deiner Seele landen.

Es leuchteten im Garten die Syringen,
von einem Ave war der Abend voll, –
da war es, daß wir voneinander gingen
in Gram und Groll.

Die Sonne war in heißen Fieberträumen
gestorben hinter grauen Hängen weit,
und jetzt verglomm auch hinter Blütenbäumen
dein weißes Kleid.

Ich sah den Schimmer nach und nach vergehen
und bangte bebend wie ein furchtsam Kind,
das lange in ein helles Licht gesehen:
Bin ich jetzt blind? –

DIE ENGEL

Sie haben alle müde Münde
und helle Seelen ohne Saum.
Und eine Sehnsucht (wie nach Sünde)
geht ihnen manchmal durch den Traum.

Fast gleichen sie einander alle;
in Gottes Gärten schweigen sie,
wie viele, viele Intervalle
in seiner Macht und Melodie.

Nur wenn sie ihre Flügel breiten,
sind sie die Wecker eines Winds:
als ginge Gott mit seinen weiten
Bildhauerhänden durch die Seiten
im dunklen Buch des Anbeginns.

WILDER ROSENBUSCH

Wie steht er da vor den Verdunkelungen
des Regenabends, jung und rein;
in seinen Ranken schenkend ausgeschwungen
und doch versunken in sein Rose-sein;

die flachen Blüten, da und dort schon offen,
jegliche ungewollt und ungepflegt:
so, von sich selbst unendlich übertroffen
und unbeschreiblich aus sich selbst erregt,

ruft er dem Wandrer, der in abendlicher
Nachdenklichkeit den Weg vorüberkommt:
Oh sieh mich stehn, sieh her, was bin ich sicher
und unbeschützt und habe was mir frommt.

Jene Wolke will ich neiden,
die dort oben schweben darf!
Wie sie auf besonnte Heiden
ihre schwarzen Schatten warf.

Wie die Sonne zu verdüstern
sie vermochte kühn genug,
wenn die Erde lichteslüstern
grollte unter ihrem Flug.

All die goldnen Strahlenfluten
jener Sonne wollt auch ich
hemmen! Wenn auch für Minuten!
Wolke! Ja, ich neide dich!

STÄDTISCHE SOMMERNACHT

Unten macht sich aller Abend grauer,
und das ist schon Nacht, was da als lauer
Lappen sich um die Laternen hängt.
Aber höher, plötzlich ungenauer,
wird die leere leichte Feuermauer
eines Hinterhauses in die Schauer
einer Nacht hinaufgedrängt,
welche Vollmond hat und nichts als Mond.

Und dann gleitet oben eine Weite
weiter, welche heil ist und geschont,
und die Fenster an der ganzen Seite
werden weiß und unbewohnt.

Du bist die Zukunft, großes Morgenrot
über den Ebenen der Ewigkeit.
Du bist der Hahnschrei nach der Nacht der Zeit,
der Tau, die Morgenmette und die Maid,
der fremde Mann, die Mutter und der Tod.

Du bist die sich verwandelnde Gestalt,
die immer einsam aus dem Schicksal ragt,
die unbejubelt bleibt und unbeklagt
und unbeschrieben wie ein wilder Wald.

Du bist der Dinge tiefer Inbegriff,
der seines Wesens letztes Wort verschweigt
und sich den Andern immer anders zeigt:
dem Schiff als Küste und dem Land als Schiff.

SOMMERABEND

Die große Sonne ist versprüht,
der Sommerabend liegt im Fieber,
und seine heiße Wange glüht.
Jach seufzt er auf: „Ich möchte lieber...“
Und wieder dann: „Ich bin so müd...“

Die Büsche beten Litaneien,
Glühwürmchen hangt, das regungslose,
dort wie ein ewiges Licht hinein;
und eine kleine weiße Rose
trägt einen roten Heiligenschein.

KLAGE

Wem willst du klagen, Herz? Immer gemiedener
ringt sich dein Weg durch die unbegreiflichen
Menschen. Mehr noch vergebens vielleicht,
da er die Richtung behält,
Richtung zur Zukunft behält,
zu der verlorenen.

Früher. Klagtest? Was wars? Eine gefallene
Beere des Jubels, unreife.
Jetzt aber bricht mir mein Jubel-Baum,
bricht mir im Sturme mein langsamer
Jubel-Baum.
Schönster in meiner unsichtbaren
Landschaft, der du mich kenntlicher
machtest Engeln, unsichtbaren.

NACHTHIMMEL UND STERNENFALL

Der Himmel, groß, voll herrlicher Verhaltung,
ein Vorrat Raum, ein Übermaß von Welt,
Und wir, zu ferne für die Angestaltung,
zu nahe für die Abkehr hingestellt.

Da fällt ein Stern! Und unser Wunsch an ihn,
bestürzten Aufblicks, dringend angeschlossen:
Was ist begonnen, und was ist verflossen?
Was ist verschuldet? Und was ist verziehn?

DAS ROSEN-INNERE

Wo ist zu diesem Innen
ein Außen? Auf welches Weh
legt man solches Linnen?
Welche Himmel spiegeln sich drinnen
in dem Binnensee
dieser offenen Rosen,
dieser sorglosen, sieh:
wie sie lose im Losen
liegen, als könnte nie
eine zitternde Hand sie verschütten.
Sie können sich selber kaum
halten; viele ließen
sich überfüllen und fließen
über von Innenraum
in die Tage, die immer
voller und voller sich schließen,
bis der ganze Sommer ein Zimmer
wird, ein Zimmer in einem Traum.

Atmen, du unsichtbares Gedicht!
Immerfort um das eigne
Sein rein eingetauschter Weltraum. Gegengewicht,
in dem ich mich rhythmisch ereigne.

Einzige Welle, deren
allmähliches Meer ich bin;
sparsamstes du von allen möglichen Meeren, –
Raumgewinn.

Wieviele von diesen Stellen der Räume waren schon
innen in mir. Manche Winde
sind wie mein Sohn.

Erkennst du mich, Luft, du, voll noch einst meiniger Orte?
Du, einmal glatte Rinde.
Rundung und Blatt meiner Worte.

DIE SONNENUHR

Selten reicht ein Schauer feuchter Fäule
aus dem Gartenschatten, wo einander
Tropfen fallen hören und ein Wander-
vogel lautet, zu der Säule,
die in Majoran und Koriander
steht und Sommerstunden zeigt;

nur sobald die Dame (der ein Diener
nachfolgt) in dem hellen Florentiner
über ihren Rand sich neigt,
wird sie schattig und verschweigt –.

Oder wenn ein sommerlicher Regen
aufkommt aus dem wogenden Bewegen
hoher Kronen, hat sie eine Pause;
denn sie weiß die Zeit nicht auszudrücken,
die dann in den Frucht- und Blumenstücken
plötzlich glüht im weißen Gartenhause.

Ich kann nicht glauben, daß der kleine Tod,
dem wir doch täglich übern Scheitel schauen,
uns eine Sorge bleibt und eine Not.

Ich kann nicht glauben, daß er ernsthaft droht;
ich lebe noch, ich habe Zeit zu bauen:
mein Blut ist länger als die Rosen rot.

Mein Sinn ist tiefer als das witzige Spiel
mit unsrer Furcht, darin er sich gefällt.
Ich bin die Welt,
aus der er irrend fiel.

Du bist die sanfte Abendstunde,
die alle Dichter ähnlich macht;
du drängst dich dunkel in die Munde,
und im Gefühl von einem Funde
umgiebt ein jeder dich mit Pracht.

Mein Leben ist nicht diese steile Stunde,
darin du mich so eilen siehst.
Ich bin ein Baum vor meinem Hintergrunde,
ich bin nur einer meiner vielen Munde
und jener, welcher sich am frühsten schließt.

Ich bin die Ruhe zwischen zweien Tönen,
die sich nur schlecht aneinander gewöhnen:
denn der Ton Tod will sich erhöhn –

Aber im dunklen Intervall versöhnen
sich beide zitternd.
Und das Lied bleibt schön.

BLAUE HORTENSIE

So wie das letzte Grün in Farbentiegeln
sind diese Blätter, trocken, stumpf und rauh,
hinter den Blütendolden, die ein Blau
nicht auf sich tragen, nur von ferne spiegeln.

Sie spiegeln es verweint und ungenau,
als wollten sie es wiederum verlieren,
und wie in alten blauen Briefpapieren
ist Gelb in ihnen, Violett und Grau;

Verwaschnes wie an einer Kinderschürze,
Nichtmehrgetragnes, dem nichts mehr geschieht:
wie fühlt man eines kleinen Lebens Kürze.

Doch plötzlich scheint das Blau sich zu verneuen
in einer von den Dolden, und man sieht
ein rührend Blaues sich vor Grünem freuen.

SPAZIERGANG

Schon ist mein Blick am Hügel, dem besonnten,
dem Wege, den ich kaum begann, voran.
So faßt uns das, was wir nicht fassen konnten,
voller Erscheinung, aus der Ferne an –

und wandelt uns, auch wenn wirs nicht erreichen,
in jenes, das wir, kaum es ahnend, sind;
ein Zeichen weht, erwidernd unserm Zeichen...
Wir aber spüren nur den Gegenwind.

SCHLAFLIED

Einmal wenn ich dich verlier,
wirst du schlafen können, ohne
daß ich wie eine Lindenkrone
mich verflüstre über dir?

Ohne daß ich hier wache und
Worte, beinah wie Augenlider,
auf deine Brüste, auf deine Glieder
niederlege, auf deinen Mund.

Ohne daß ich dich verschließ
und dich allein mit Deinem lasse
wie einen Garten mit einer Masse
von Melissen und Stern-Anis.

Seit den wunderbaren Schöpfungstagen
schläft der Gott: wir sind sein Schlaf,
hingenommen, stumpf von ihm ertragen
unter Sternen, die er übertraf.

Unser Handeln stockt ihm in geballter
schlafner Hand und kann nicht aus der Faust,
und so haben seit dem Helden-Alter
unsre dunklen Herzen ihn durchbraust.

Manchmal rührt er sich von unsrer Qual,
schmerzensähnlich zuckts durch seine Glieder,
aber immer überwiegt ihn wieder
seiner Welten heile Überzahl.

Noch ahnst du nichts vom Herbst des Haines,
drin lichte Mädchen lachend gehn;
nur manchmal küßt wie fernes, feines
Erinnern dich der Duft des Weines, –
sie lauschen, und es singt wohl eines
ein wehes Lied vom Wiedersehn.

In leiser Luft die Ranken schwanken,
wie wenn wer Abschied winkt. – Am Pfad
stehn alle Rosen in Gedanken;
sie sehen ihren Sommer kranken,
und seine hellen Hände sanken
leise von seiner reifen Tat.

Jetzt reifen schon die roten Berberitzen,
alternde Astern atmen schwach im Beet.
Wer jetzt nicht reich ist, da der Sommer geht,
wird immer warten und sich nie besitzen.

Wer jetzt nicht seine Augen schließen kann,
gewiß, daß eine Fülle von Gesichten
in ihm nur wartet bis die Nacht begann,
um sich in seinem Dunkel aufzurichten: –
der ist vergangen wie ein alter Mann.

Dem kommt nichts mehr, dem stößt kein Tag mehr zu,
und alles lügt ihn an, was ihm geschieht;
auch du, mein Gott. Und wie ein Stein bist du,
welcher ihn täglich in die Tiefe zieht.

Rainer Maria Rilke zählt zu den bedeutendsten Lyrikern des 20. Jahrhunderts und schuf unerreichte Sprach- und Formkunstwerke. Der Dichter, der wie Robert Musil urteilte, „das deutsche Gedicht zum erstenmal vollkommen gemacht hat", führte eine unstete reine Künstlerexistenz. Die ständig wechselnden Raum- und Landschaftseindrücke beeinflußten und formten seine literarischen Werke nachhaltig.

Dem schmerzlich empfundenen Ganzheits- und Sinnverlust des modernen Menschen setzte Rilke in einer inneren Entwicklung „vom Klagen zum Rühmen" sein Dichtertum entgegen.

Rainer, eigentlich René, Maria Rilke wurde am 4.12.1875 als Sohn einer Prager Bürgerstochter und eines Militär- und späteren Eisenbahnbeamten böhmisch-bäuerlicher Herkunft in Prag geboren. Die unglückliche Ehe seiner Eltern sowie die fünfjährige „Verdammnis" auf eine Militärakademie überschatteten die Kindheit und Jugend des sensiblen Einzelgängers. 1895 bis 1896 studierte er in Prag zunächst Philosophie, Literatur- und Kunstgeschichte, dann Jura. Früh seiner Berufung zum Dichter folgend, hatte er zu diesem Zeitpunkt bereits erste Gedichte veröffentlicht, die sich stark an die Neoromantik anlehnten.

In den folgenden Jahren lebte er als freier Schriftsteller in München, Berlin und Florenz. Zusammen mit der Schriftstellerin Lou Andreas-Salomé unternahm er zwei ausgedehnte Reisen durch Rußland, wo sich ihm „das Dunkel Gottes, in dem allein Gemeinschaft ist" offenbarte. Die musikalisch fließenden Verse des *Stundenbuches* (1905) umkreisen diese Erfahrung.

Als „Geschenk einer stürmischen Nacht" empfing Rilke 1899 *Die Weise von Liebe und Tod des Cornets Christoph Rilke.* Diese schwärmerische Verherrlichung des Soldatentums in rhythmischer Prosa wurde sein größter literarischer Erfolg und im ersten Weltkrieg zu einem Kultbuch der Jugend.

Während seines Aufenthaltes in der Künstlerkolonie Worpswede lernte Rilke die Bildhauerin Clara Westhoff kennen, die er 1901 heiratete. Bald nach der Geburt der Tochter Ruth wurde die Ehe gelöst. Rilke zog nach Paris, wo er an einer Monographie über den französischen Bildhauer Auguste Rodin arbeitete und zu dessen Privatsekretär wurde. Die Großstadt Paris und die Berührung mit der bildenden Kunst lehrte Rilke ein „neues Sehen". Er überwand die gefühlsbetonte Lyrik der Innerlichkeit und fand in den *Neuen Gedichten* zu einem präzisen, unmittelbaren Ausdruck für das Wesen der Dinge. Radikaler noch zeigte sich dies in seinem Tagebuchroman *Die Aufzeichnungen des Malte Laurids Brigge* (1910), der als erster moderner europäischer Roman gilt.

Den Höhepunkt seines künstlerischen Schaffens bilden die *Duineser Elegien* (1912) und die *Sonette an Orpheus* (1923). In ihren schwer zugänglichen Bildern vollzieht sich eine neu gefundene Daseinsbejahung; sie feiern den Gesang des Dichters, der allein Sinn und Gültigkeit verleiht.

Rilkes späte Gedichte entstanden vorwiegend im Wallis, wo er ab 1912 lebte. Nach verschiedenen Sanatoriumsaufenthalten starb er am 29.12.1926 in Valmont an Leukämie und liegt in Raron begraben.

Die Deutsche Bibliothek – CIP-Einheitsaufnahme

Ich finde dich in allen Dingen: Das Buch vom Sommer /
Rainer Maria Rilke. Mit Fotogr. von Anselm Spring.
– Augsburg: Pattloch, 1997
ISBN 3-629-00728-7

Pattloch Verlag, Augsburg

Textauswahl: Barbara Baumeister
Produktion: Ulrich Ruf, Freiburg
Reproduktion: Koppenhöfer, Mundelfingen
Gedruckt auf chlorfrei gebleichtem Papier.
Druck und Bindung: Appl, Wemding
Printed in Germany

ISBN 3-629-00728-7